AF376522

Dichte Zustände

Lyrik oder so

Joachim Walliser

Umschlaggestaltung, Illustration: Joachim Walliser nach Vorlage des Verlages
Coverbild: Klaus Hertweck
Bilder Inlay:
Dieter Hammer: Seite 13 und 51
Joachim Walliser: Seite 25 und 41
Herausgeber: Joachim Walliser

Verlag und Druck: tredition GmbH, Halenreie 40-44, 22359 Hamburg

ISBN Paperback   978-3-7497-8205-5
ISBN Hardcover   978-3-7497-8206-2
ISBN e-Book   978-3-7497-8207-9

Bibliografische Information der Deutschen Nationalbibliothek:
Die Deutsche Nationalbibliothek verzeichnet diese Publikation in der Deutschen Nationalbibliografie; detaillierte bibliografische Daten sind im Internet über http://dnb.d-nb.de abrufbar.

Mein Dank geht an Klaus Hertweck für das Cover-Motiv und Dieter Hammer für die zwei Bilder zu Abedo und Intervall, sowie für seine Hilfe.

Mein Dank geht an all die wunderbaren Menschen, die mich inspirieren und die in meinem Leben sind.

Ich danke Gott für seine Gnade und Liebe.

Joachim Walliser

Geboren am 22.04.1973 in Langenau
_ Teilzeitpoet
Dichte Zustände (2019 / Lyrik)
Improvisationen über Fragmente der Liebe (2018 / Lyrik)
Es genügt eben nicht (2018 / Lyrik)
Eine Emotionale Reise durch die Romantik (2018 Bühnenstück)
Entführung mit Cembalo ins 17. Jahrhundert (2017/18 Bühnenstück)
_ ab 2019 Lesungsprogramm Stückwerk mit dem Samuel Jersak Trio

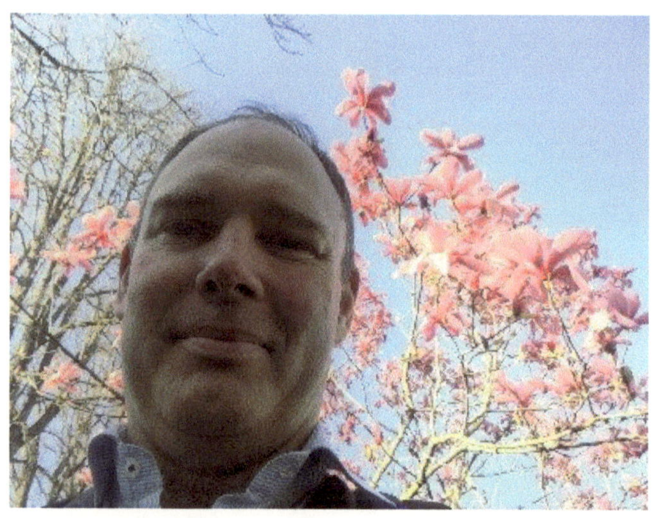

www.walliser.net

Ethymologische Näherung
(statt einer Einleitung)

Die Dichte, auch Massendichte genannt, ist der Quotient aus
der Masse eines Körpers und seinem Volumen. Zum Beispiel
Gramm pro Kubikzentimeter oder Kilogramm pro Liter. Die
Dichte ist durch das Material des Körpers bestimmt und als
intensive Größe unabhängig von seiner Form und Größe.

**Etymologische Assoziationen waren für mich die Inspiration
zur Zusammenstellung dieses Buches:**
Dicht sind Worte, Stimmungen, Bilder, Musik, Menschen.
Dicht beschreibt Zustände wie konzentriert, undurchlässig,
nahe beieinander, eng, ohne größere Lücken gefügt
stark, tüchtig, häufig, wahrhaftig, geronnen und
zusammenziehen, fest, dicht werden. Es ist dem Gedeihen
verwandt.

Ich kann dichthalten, 'verschwiegen sein', bin dann eng
Beieinander. Dicht gefolgt meint auch eine enge
Aufeinanderfolge, also wieder die Konzentration eines Stoffes
oder einer Vorstellung.

Wenn mein Klempner dichtet, macht er etwas undurchlässig,
schließt etwas ab. Die Dichtung ist ein Verbindungsstück zum
Abdichten technischer Geräte.

Wenn ich dichte bin ich dann Dichter? Bin ich also Einer, der
literarische Werke und Verse verfasst, ja erfindet?
Dann gestalte ich sprachlich und fasse ab, schreibe, erlüge
gar.
Der Klempner und der Dichter schaffen also etwas.
Dihtan im Wortstamm meint: einrichten, verfügen, anordnen,
befehlen, verfassen, schreiben, veranlassen.

Tíchen meint: schaffen, treiben, ins Werk setzen (auch von
Gesang und Tanz), die Stimme erschallen lassen.
Und eine Variante der unter Teig genannten Wurzel 'kneten'.

Der Dichter war ein Verfasser von Versen, literarischen
Werken und somit war die Dichtung im gelungenen Fall,
literarisches Kunstwerk, Erdichtung, vielleicht auch lyrisch.

Der Poet wurde zu Dichter. Der Dichter heute ist Verfasser
von Lyrik gegenüber dem allgemeineren Schriftsteller. Ich bin
gerne ein Poet – Lebenspoet. Poeten von der griechischen
Herleitung poiesis her, sind Menschen, die etwas erschaffen
und herstellen, was vorher nicht existiert hat.

All das hat sicher bei mir etwas mit Schreiben zu tun und
somit auch mit dieser Sammlung. Es kann sein, dass das ein
oder andere Konzentrat in unserer schnellen und
oberflächlichen Zeit eine Herausforderung für Sie ist.

Viel Vergnügen und Inspiration wünsche ich Ihnen damit.
Seien sie gut gestimmt wie die Lyra, das Saiteninstrument.
Erleben Sie sich, ihre Gefühle und Stimmungen und vielleicht
erzeugt das ein oder andere einen neuen Ton in Ihnen. Denn
Worte setzen in Gang, manchmal auch gedeihlich.

Inhalt

1. Albedo
(Verhältnis zwischen reflektierten und einfallenden Sonnenstrahlen)

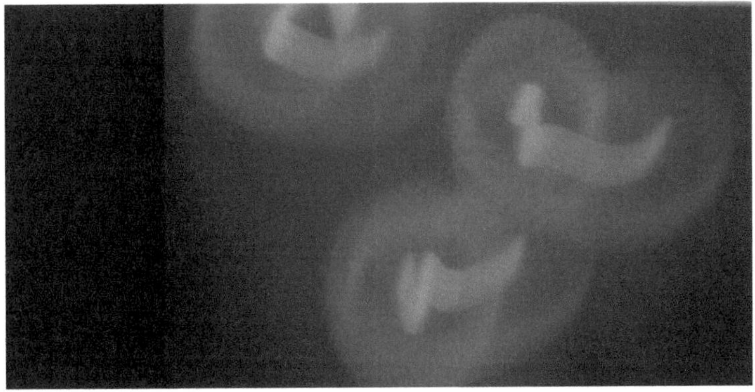

Verhältnis, Relation, Beziehungs–Weise
Beschaffenheit eines wechselseitigen Verhältnisses

Albedo als ein exemplarisches Beispiel für ein Verhältnis, was vielleicht auch für eine Beziehung zwischen Menschen interessante Aspekte birgt.

Herrlich fremd

sind wir uns
und sonst nichts
als angezündet verliebt

sehen in unsere Augen
Fremde und Zauber
Hunger und Überschwang

magnetisch – Duft Haut Aura Stimme

herrlich fremd, wie es nur am Anfang ist,
soll es sein,
soll es bleiben.
Immer ein Rest des Rätsels
unaufgelöst

Brücke aus Papier

Das Gegenteil von Schnittbildern Lucio Fontanas
sind Papierbrücken.

Doch beides ist ein Abenteuer!

Ein Schriftsteller, Lyriker
versucht seinen Mitmenschen eine Brücke zu etwas Neuem
oder auch zu sich selbst zu bauen;
vielleicht auch einen gemeinsamen Weg zu gehen
sich zu äußern.
Manchmal wortgewaltig, oder umständlich, missverständlich,
manchmal tastend, vorsichtig, einfühlsam.

Kunst mit Worten ist heikel,
kann Freundschaften zerstören,
kann Anfeindung nach sich ziehen,
oder man wird einfach totgeschwiegen,
wie in der Wissenschaft.

Selten gelingt ein Brückenschlag
der verbindet.

Doch warum dann all die Mühe?

Am Anfang …
war das Wort…
und das Wort war ….

Der Mensch, das wortbegabte Tier.

bedürftig

Alle
Jeder

Nur nach was?

Und dann?

Was soll ich?

Was dem Anderen sein?

seltsames Tanzen

schön
traurig
unberührt

großzügig

liberal
gelassen
frei

Was mich ärgert...

auch und vor allem an mir:

War nix Besonderes.
Hab ich alles schon begriffen, gedacht,
verstanden.

Bin ich schon überall gewesen.

Staunen verlernt!
Kein Kind mehr in Ihnen.
In mir?

Relation

No one-way direction
Who is ruling the game?

Do you make your limits
to the limit that comes from the other one?

Relationship
Re-lation-ship
Where ist the re?
What about the ship?

We life the answers.

Du - gefunden- los

Schmetterlings-Frau,
Du tanzt durch die Luft.

Katzenknuddlerin,
ich will die Katze gerne sein, die du Dir schnappst.

Königin der Fröhlichkeit- ich Streife mit dir durch Berge,
Wälder, Weite,
esse Käse, Nüsse Früchte und Salumi.

Blumen-, Wasser- und Mondbestaunerin –
ich trinke mit Dir an der Quelle und springe mit Dir ins kühle
des Morgens.

Ich habe Dich gefunden
um dich immer wieder loszulassen.

hin oder weg

hin zu etwas oder jemandem
oder
weg von etwas oder jemandem

Motive aus einer Tanzübung
dies als vorgegebenes Thema für einen freien Ausdruckstanz?

Und genau das ist das Problem:
Ich soll etwas, will nicht, nicht müssen
also unfrei – die ganze Übung

zu viel Gerede, zu wenig Tanz
die Musik kommt bei mir schon gar nicht mehr an.

Gibt es ein „nur Hin" und ein „nur Weg"?
Oder gibt es beides zugleich? Oder gar nichts von Beidem?

Schlendern - Schlendern -
mit dem ganzen Sein - willenloses
ein Nicht-Wollen
ohne Bewusstsein vielleicht sogar.

hin und weg –
allein oder zu zweien

Peal me NO grape...

Es regnet auf meinen Rosenbusch.
Siehst Du die Tropfen?
Riechst Du den Duft und die Erde?
Ron: „For once in my life."
    -   Was nur einmal im Leben?   -
No more! Never!

Verwöhne mich.
Lies mir alles von den Augen ab.
Errate meine Wünsche.
Besorge mir alles.
Stille meinen Mangel.
Schwing Dich auf mich ein.

Sicher wollte ich nie etwas Anderes.
Hab mich schon vergessen.
Existiere nur noch in Deiner Befriedigung.

Das spielen wir bis Du mich satt hast.
Und ENDE!

Dann werde ich mich zusammensuchen.
Üben was ich vergaß.
Einsamkeit erleiden, genießen, einüben -
Ruhe und Erwartungslosigkeit

Bis das Pendel wieder unmerklich wechselt.
Und in all dem Drift frage ich Dich und mich:

Gibt es etwas zwischen Freiheit und Aufgabe?
Zwischen Erwartungslosigkeit und Bedürftigkeit?
Zwischen Beliebigkeit und Inbesitznahme?

Wenn die Worte ausgehen,
und Du ohne Romantisieren und ohne kühle Sachlichkeit
Frieden und Befriedigung bei jemandem findest.

Oder:

Wenn Du Dich in irgendeinem Zustand einrichtest.

2. Raum
(Das Weite suchen, Landschafts –
Sucht)

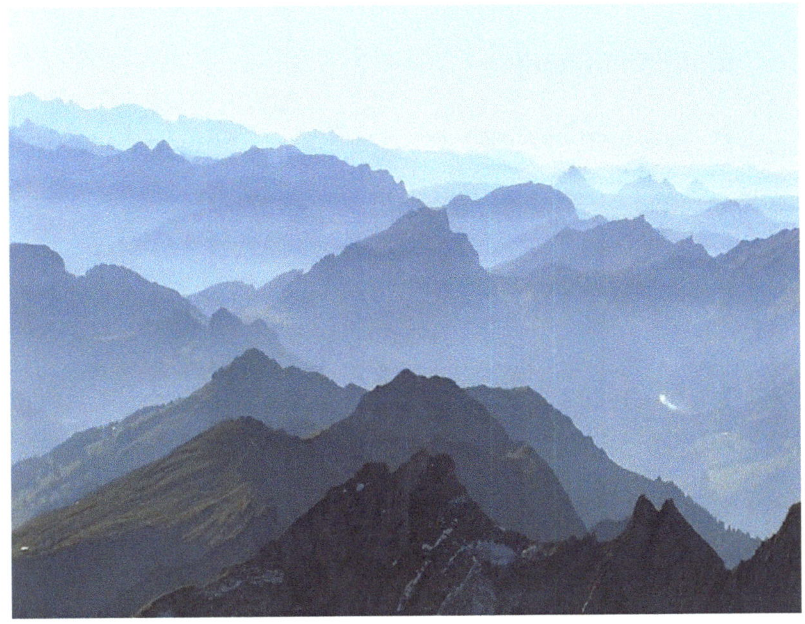

Der Raum ist der räumliche Inhalt eines geometrischen
Körpers. In der Physik bezeichnet man mit dem Volumen die
Ausdehnung (den Platzbedarf) eines Körpers.
Kosmos oder das Weltall genannt, ist die Gesamtheit von
Raum, Zeit und aller Materie und Energie darin.

Wir durchstreifen Räume, Orte und suchen unsere Plätze,
unseren Platz.
Wenn nicht alle, dann zumindest viele Menschen.

Offline…

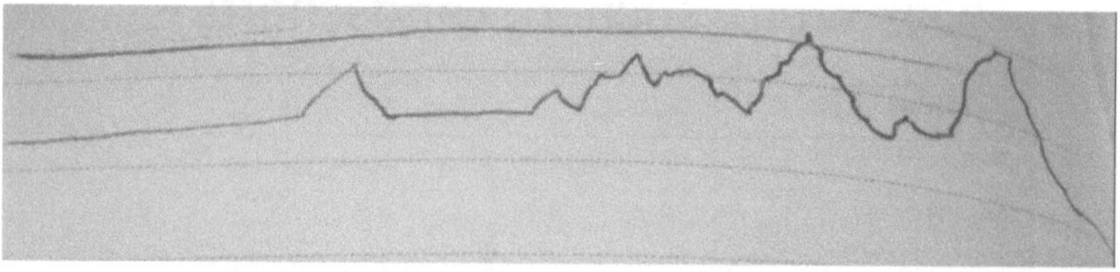

ffffffffffffffffffffffffff

Schschschschschschsch

Fffffffffffffffffffffffffffffffffffff

mmmmmmmmmmmmmmmmm

Berge meine Berge

Warum zieht es mich ständig in meine Berge?
Sommers, Winters

Fühlt sich an,
wie mein eigentliches Zuhause

Zufrieden mit dem,
was Dir die Natur heute
bietet und abverlangt:

hart, entbehrungsreich, minimalistisch.

Musst hart sein mit Dir
und doch achtsam und weich.

Was würde es mit mir machen,
mit meiner Sprache
meinem Körper
meinem Denken
meiner Gottesbeziehung
wenn ich hier lebte?

Gehen, laufen, wandern...
... in den Bergen

Manche zum Denken,
Manche zum Kopf-leer-laufen,
zum schweigen

Anders im Aufstieg,
wie im Abstieg.
Weiiiit weg vom Laufsteg
und der Stadt.

Weiche Bewegungen,
gleichmäßig,
fokussiert auf die nächsten Schritte
(Jeder kann der letzte sein).
Keine harten Schläge,
Wege lesend.

Reflektierend,
um den Körper in diesen wundervoll stumpfen
Zustand zu „überlaufen".

Himmlisch, menschenleer,

Natur, Weitblick, Elemente.

Alpenwetter

Nicht vorherzusagen,
ständig im Wechsel,
schnell und extrem.

Oft wie die Stimmung
von Menschen.

Manchmal:
Man freut sich am Spektakel.
Nimmt es wie es kommt.

klamm

alles klamm
nach so ein paar Tagen
Hüttentour...

ACH – überhaupt!

die Klamotten
das Bett
das Geld

Es sind die Schuhe...

... bei einer großen Tour,
die dich tragen
oder plagen.

Sie trocknen rasch,
sie geben Halt.

Auch diesmal hat ich keine Blasen,
keine Käsfüß,
kein Malheur.

Nach 12 Jahren halten sie immer noch
und lösen sich nicht auf.

Mein treuer Geiger-Bergschuh aus Frittlingen
Mein treuster Begleiter
Gleich nach dem lieben Herrgott.

☺

Flusstäler

Lachfalten der Welt
fruchtbare Erde,
leises Lüftchen
lächelnde Gesichter.

Freundlich fürs Fahrrad,
leichtes Gemüt,
Trubel,
Städte.

Baden,
lauschige Bänke
Alle paar Jahre kommt das Hochwasser vorbei,
im Sommer zu wenig Wasser.
Das Fließen stockt
Was nun?

Die Alb

Weit und breit.
Karg und steinig.
Eine gute Gegend zum Wandern
und für Geschichten.

Kleine Abschnitte von Laubwald
wie Nischen der Kindheit.
Blick auf Donauried und Pappelspalier

Dort, wo überall Funde gemacht werden können;
zum Beispiel, wenn man Steine zertrümmert.
Versteinerungen, Dolinen,
ein Plateau,
ein Hauch von Irland im Frühling,
bissiger Wind.

Überall „Baura", Höf,
Landwirtschaft, Seen,
Zwiebeltürme verstreute Haufendörfer mit „x–ingen"
nichts als Dazwischen.

Unterirdische Wasserrätsel
Karst, Heide, Muschelkalk, weißer Jura,
und darauf die schaffigen Menschen mit ihrem rollenden R
„Ooooz Käl",
ruhig und doch nicht.
Herzlich, herb, derb, direkt, oft verschlossen
Leute wie das Land.

Der Schwarzwald

diese erhabene Landschaft schichtet sich auf,
Sandstein, Granit, dazwischen mineralische Schätze
überzogen von mächtigem Nadelwald.

Täler schneiden sich ein,
alte Wege schlängeln sich auf durch den Sturm entwaldete
Höhen.

Geschichten, Trachten und Flößerei
ziehen durch die Tourismusprospekte.

Strukturschwache Stille,
umstrittener Naturpark,
satte würzige Luft.

Bergmenschen-
Im Süden die Badischen, die Glasmacher, mit Walmdächern
und Holzhäusern...
Im Norden die Köhler, die Schwaben mit Sandsteinsimsen und
Schindeln.

Und immer wieder ein Aussichts-Fenster Richtung Rheintal
und Elsass, und immer wieder die Nadelwald-Luft
und Sille in allen Jahreszeitenfarben.

Wahlheimat.

zwischen den Dörfern
(meiner Kindheit)

Da sind sie,
die sanften Hügel, der Albaufstiege-
oft bezwungen-
danach Weite und ein Himmel aufgespannt,
der gerade noch ausreicht.

Radfahren
Natur, Steine, Funde,
Donau, Lohne, Au, Brenz
Kleine Wälder
Baumhäuser, heimlich,
Baggerseen.

Eine Gegend zum Streunen und Unfug machen,
Schwimmen, Schwarzfahren.
Heubodennächte, Minigolf, Tischtennis und vor allem
Wiesen-Kicken.

Diebische Weite,
unschuldig, unbeschwert
im Hier und Jetzt.

Folk-Music und Landschaft

Im überfüllten Zug –
(Gibt es noch andere?)

Schließe die Augen höre norddeutsche Musik
bin in Gedanken alleine
bei Wellen, Wind und Strand

Will plötzlich nach Hause und Feuer machen
meine Ruhe
und dann raussehen auf den Deich
und dahinter das Meer .

Oder einfach in Deine Arme.

Manchmal ist es so einfach.

Hallig, Butendickes, Halgenland

(van wieder weg)

liegengelassenes Land
vor der Küste
wie hingetupft.

Wind, Wellen und Einsamkeit
wie im Einmachglas mit zu viel Himmel drüber.

Häuser ducken sich zusammen
ständiger Kampf gegen die Naturgewalt des Meeres.

Halligfliederblüte und selten der Meerstandswegerich
Salzwiesen,
die sich hochsedimentieren,
Ringelgänse mögen es da
und manchmal Touristen.

Alles trotzt dem Klimawandel
wird höher gelegt, aufgeschüttet.

Schleusen, Wälle verschlingen viel Geld und Sand
Sturmfluten kommen früher vorbei wie vor Zeiten.

Ständige Veränderung
Kantenabbrüche
Anlandungen.

Einschränkung und zugleich Freiheitsgefühl

Heimkommen...
(aus den Bergen)

mitgebrachte Steine betrachten,
in die Hand nehmen.

Nachdenklich und wehmütig
frühstücken
mit einem tiefen Lächeln im Gesicht.

Bilder sortieren
im Herzen.

So viel erlebt und geschwiegen-

Und nun?

AUF!

Eintauchen in eine Stadt

Lust auf Boulevard und Promenade,
Menschen,
Kultur,
Zumeist wenn es warm und angenehm ist.

Café am Kanal, mein Café,
ein Park.
Zuvor noch ein Eis beim Gelatiere.

Eine offene Kirche lockt,
aufreizende elegante Frauen noch mehr.

Zu Hause die Natur,
die Weite, Stille, Landschaft
ein, einfaches Leben.

Hier, in Erinnerung an Studienzeit,
als ich noch in einer Stadt, einer anderen, zu Hause war,
bei Straßenmusik, Bahnhofskindern und Schmutz.

Hier also der Tagesgast –
Das andere Leben,
das mit den anderen Reizen,
die der Unersättlichkeit
und bestenfalls Lebensart und Eleganz.
Sonst auch schrill und verrückt.

Das Andere Leben:
Komplex,
unruhig und elektrisierend-

sozusagen Stadtphantasie.

Landschaften die mir fehlen

Die Insel
die Küste
die Heide

für die ich keine Worte habe,
in denen ich verstumme,
innerlich werde.

Die Bretagne, die Anden, Tansania, die Ägäis, der
Kilimandscharo, Yosemite, Etosha-Pfanne, Patagonia,
Amazonas, Missisippie-Delta, Petra, Israels Makhtesh Ramon-
Krater, von Marrakesh in die Wüste oder der Perito Moreno
National Park in Argentinien...

... Landschaften und Länder die ich nicht kenne,
noch nicht.

Begrenzungen der Mittel, der Zeit
Landschaften,
meine Begrenztheit
meine Befreiung.

3.   Vision (Gesicht, Traum – Bild)

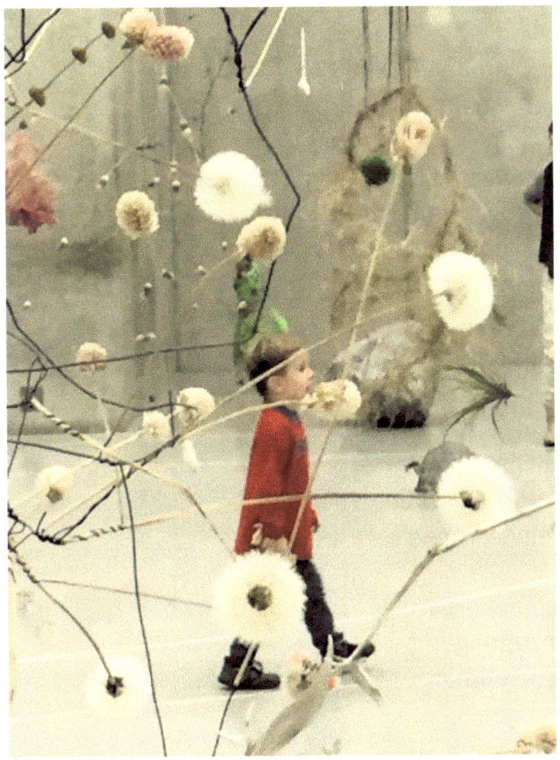

Vision steht für „Anblick und Erscheinung".
Es liegt gerade eben hinter der Physik also in der Meta-Physik.
Denn nicht alles kann ich durch physikalische Begriffe fassen
und ergründen.

Der Seiende
Meinem Freund Rilke ☺

Alles in allem ohne Theorie
Auch nachgerade im Denken
Das Gehen – nein vielmehr ausschreiten

Dabei das Riechen der Jahreszeiten z.B.
Oder der Menschen und Räume
Dabei auch das Erblinden für alle graue Theorie
und alle Konjunktive

Den Anderen fühlen
GANZ
In einer Fingerspitze
Oder der Oberlippe
Und sowieso zwischen den Zeilen
Und in seinen Tönen

Mit in seiner körpereigenen Gebärde sein
Ohne einzudringen
Ohne zu benennen
Nur aufsaugen
Bis zur heilsamen Stille
Und in ihr weiter und weiter –

Verbannt der Habende.

Schönheit von Ing

Du entschwindest
Nordlichterst
Auf dem Meer
Auf einem Wagen Richtung Osten

Dein innerer Reichtum
Dein Weg des Feuers
Die Ruhne der Produktivität

Ich will Dich nicht fassen
Was für ein Hohn!

Sei frei
Von Freyr kommend
Verbunden mit Nertus
Dem Wachstum
Der Sichel
Der Ernte

111 übern Berg

Warum so verdrießlich?
Es sind die Kunstmenschen – besser gesagt die künstlichen
Wo ist der Genius?
Geht es ums Überleben?
Nur nicht Auskühlen!

Warum machst Du das?

Ist ihm das Leben fad geworden?
Daher ständig diese Fahrten ins Ungewisse.

In den Gesichtern der Anderen?
Nichts -

Sie hatte aufgehört
Ihr Leben zu mögen.
Er hingegen hatte wieder begonnen
sein Leben zu mögen.

Der treueste Schuldner war er.
Stirbt im Traum
Träumt sein Sterben

Wörter und kein Sinn
Tunnel

Der Wanderer
blickt in sein verlassenes Leben
gefährlich wichtig sieht er aus und
unausstehlich.

Schritt um Schritt
weg-
gen Süden

Kein Zug zurück

Stürme in der Brust

Wohin gehen wir mit den Stürmen in unserer Brust Friedrich?

Schauen,
hören,
schweigen -

Das Internet ist
das Gegenteil von einem Gedicht.

Der ewige Spiegel
darf nicht aufhören.

Ikarus Dream
(wie in einer Bucht in der Ägäis)

Fliege heiter
aus Deiner Vorbestimmung.
Hab Mut zum Lassen.

Du kannst es
sooo zauberhaft.
Bist verrückt
und die Großzügigkeit kommt.

Kein Arrangement
Du nicht
und auch die Andern.

Leicht,
Fliegen
ohne Kenntnis der Aerodynamik.
Du erforschst sie – im Moment,
praktisch.

Ohne mit bohrenden Fragen aufzulauern,
das Schicksal bedrängen.

Ikarus Traum

Traumgebilde

Elegant überfordert: Wie eine Katze am falschen Platz.
Noch im Tran der Zwischenwelten
Nicht ganz bei mir

Traumbild 1: Reiterbild
Reiterschar reitet nach Osten.
Ich drehe wieder um.
Umbruch, Wandel, Entscheidung.

Traumbild 2: Der seltsame König:
Spricht zu Ihr: „Ich glaube das Baugitter ist zu wackelig."
Sie geht nach „oben".
Schrank und Baugitter krachen zusammen.
Sie erwacht und weiß nicht was geschehen ist.

Traumbild 3: Sie schweben…
über die Klippe
durch die Luft
hinüber in das wunderbare Schloß.

stark und fragil

Bilder von Catherine
traurig
wahr
lebendig
ruhig
bunt

Wir alle sind irgendwie wie diese Bilder
wundervoll
leuchtend,
haben zwei Seiten,
Atmen

4.   Intervall (zwischen – Räumen)

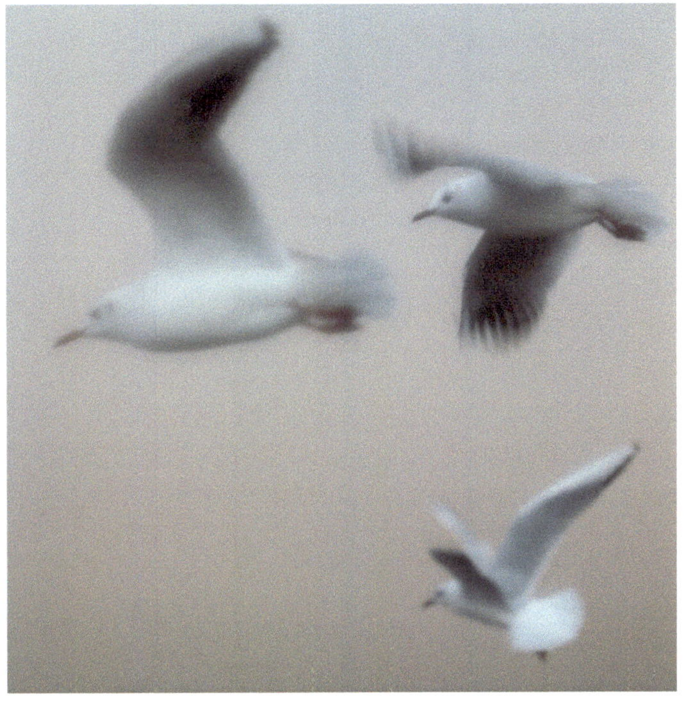

Ein Intervall: Zeitlicher Zwischenraum,
zwischen zwei Zeitpunkten liegender Zeitraum,
Pause,
Zeitspanne

Genau im Dazwischen findet unser ganzes Leben statt.

It all comes up...

to the right time
- The questions
- The answers
- The people
- The ideas
- The power
- The love

The readyness, the open mind and heart is all

Looking foreward to see you maybe with a new fairytale

Symbole:

archaisch
zivilisatorisch
mächtig
religiös
alltäglich
nützlich
sinnstiftend
schön
sinnlich
literarisch
sprachlich
überflüssig
witzig
manchmal unerträglich hässlich

Frohnatur

Bin ich
manchmal
heimlich
unbewusst
oder auch gespielt

bin ich
im Herzen
echt
jetzt
auch bei Scheidung, Regen, Herbst, Sorgen, Nebel

auf jeden Fall
und nur nicht beim Schreiben.

-270.45 Grad

Teilchendichte zu gering für Wärmetransport

Schweigend fror das All,
Firmament überm Schwarzwald.

Unvorstellbare Dimensionen und Fakten,
die mit uns durchs All trudeln

Sonne im Honigtopf

Träge süße
Kristalle

Liege auf der Bärenhaut
Träum vor mich hin.

Ein Klangteppich aus sonoren Moll-Akkorden
aus einem Flügel
webt sich durch den Raum.

Auf einem gemütlichen Holztisch
und einer kleinen, leicht zerrissenen Decke steht der Pot.
Die Sonne scheint durch.

So ist Kindheit, war meine…

So sollte auch Erotik sein,
können.

Meine Straßen...

Meine Straßen, wie ein Flur
mit lauter offenen Türen.

Zum Verzweifeln viele Möglichkeiten
Stimmen, rufen, locken, warnen-
Mein Leben, die Begegnungen,
die Menschen und Orte-

Gefangener der Freiheit
Eine „Reis" in offener Landschaft.

Er stellte mich aufs Weite,
weil er Gefallen an mir hatte.

Mich hat keiner gefragt,
ob ich so viel Möglichkeiten vertrage.

Wirkung

Nicht wahr:
Du suchst mich?
Du willst reden?
Du willst umarmt werden?

Nicht wahr:
Es geht Dir nicht gut.
Es ist Zeit, daß Du Dich veränderst.
Du solltest das alles aufgeben.
Du willst mir helfen.

Wie bitte?

Groove in the heart and in the soul

Leuchten in den Augen
Grinsen
Spielfreude

Angenehm fließende Bewegungen
und Gedanken

Begeisterung über Details
Wie schöne Hände
Lachfalten
und ehrliche graue Haare

Und zugleich wie ruhelose
Ausgelassene Kinder.

Smile in the heart
losgelassene Zärtlichkeit

YES!

5. Kritischer Punkt

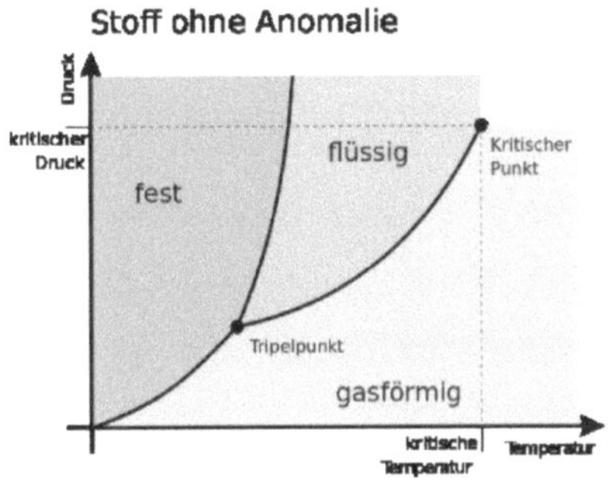

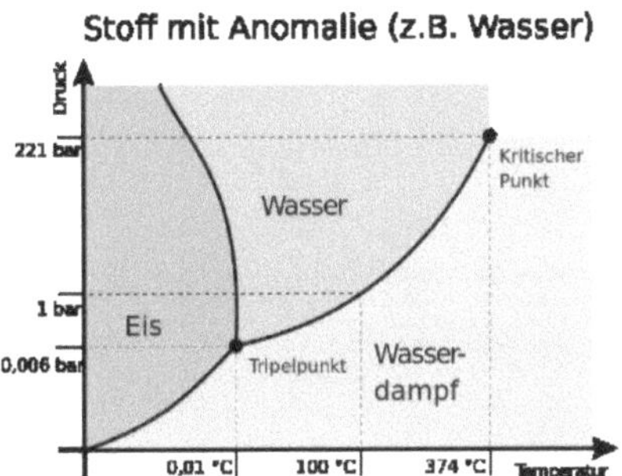

Der kritische Punkt ist zum Beispiel ein thermodynamischer
Zustand eines Stoffes, der sich durch Angleichen der Dichten
von flüssiger und gasförmiger Phase kennzeichnet.

Wir landen in allen möglichen Zuständen.
„Aggregatzuständen",
psychischen,
körperlichen

und versuchen anzugleichen, auszugleichen. Daher empfinde
ich den physikalischen Begriff als eine sehr gute Allegorie
dafür was passiert, wenn es kritisch wird.

Bierwerbung?

Endlich dicht,

Zeit für mich

Oooo

Endlich dicht

Zäsur

keine Worte dafür was jetzt ist.

zu zerfranst
zu unruhig
zu knapp das Geld
zu viel unterwegs

Zuerst –
Erleichterung, Stille, Genuß der Einsamkeit.

Dann –
Achja das Bewusstsein…
Warum bin ich hier raus? Warum unter Leute?

Die Frage, bzw. die Erkenntnis:
ich komme nicht weiter
hier war ich doch schon
ein Jahr abgelenkt
kein Weiterkommen
produktiver Kreisverkehr
glückliche, leichte liminale Phase.

Trümmerfrau 2017

Wer bin ich?
Was habe ich getan?
Und warum nicht?
Was ist übriggeblieben?
Was ist gelassen worden?

Trümmer, Brocken, Versäumnisse, Einsamkeit, Tränen, Stille,
Leere.

Welche Farben hat heute mein Gemüt?
Welchen Ton?
Welchen Geruch?
Welches Wetter?
Welches Material?
Welche Beschaffenheit?
Mein Handeln.

So viel dumme Ideale

Sie wuchern zu,
wie ein verwilderter Garten.
Holen sich das Kleinkarierte zurück.

Herz und Seele im Dickicht emotionaler menschlicher
Hässlichkeiten.

Nicht mehr durchzukommen,
kein Licht für das Nützliche,
geschweige denn das Notwendige.

Doch was ist schon notwendig?

Ein bis zweimal im Jahr Sense und Kahlschlag
oder Kapitulation.

Die Kurzatmigen

kraftlosen
Beziehungs-Legastheniker:

Es reicht zu nicht mehr als
Schwärmerei
für Stunden
für Stimmungen.

Romanzen sind schon
die silberne Hochzeit
unserer Zeit.

One-Night-Stand?
Das dauert mir zu lange.

Anmaßungen

Wie kommt der Freund dazu, seine Gefühle höher intensiver
zu deklarieren?

Wie kommt es, dass er Dir sagt, Deine Gefühlsäußerungen
wären pubertär?

Woher kommt diese Überheblichkeit, diese Wertung?

Wie kommt es, die Kunst des anderen zu diskreditieren,
ja sie abzutun als wertloses primitives Zeug?

Es wird die Beziehung, die Arbeit und der Partner des
Anderen gewertet.

Seltsamer Nachgeschmack.

Süßstoff

Ist Nichts für mich

Bruch
Schnitt
Riß
Fragment
Dissonanz

Das ist mein Metier,
mein Habitat.

Unbestimmte Trauer

Trauern –
um einen den es gar nicht gibt,
nie gab,
vielleicht auch nicht geben wird.

Das ist vielleicht schlimmer
als zu trauern
um einen geliebten Menschen.

Dann hat Trauer keinen Namen
auf unbestimmte Zeit

Rechtsruck und Überfremdung

Gespaltene Gesellschaften und Menschen
Globale Effekte, Anreize, Migration
Hasser der Politik
Glühende Verehrer der AFD (-Sprache)

Verabschiedung von Utilitarismus
No cold War anymore
hot peace
took place

Fremde bedrängen mich und Freunde auch.
(Kein) Aufschrei gegen Rechtsruck?
Gleichgültige Künstler?

Lästig, nervig, überdrüssig die Themen.
Totberichtet -
linkslastig, mit Verdächtigungsjournalismus und auch die
Parolen.

Überdrüssig der Gesinnungs-Lager
alles zu klein Gedacht.
Parteisystem fragmentiert,
überall dumme Positionen.

Mit Bussen herbeiorganisierter Rechter Rand
Pro Chemnitz?
Protest in Frankfurt, Hannover, Hamburg, München oder
Stuttgart wäre passender.

Fremd in der Gesellschaft.
Finde mich nirgends wieder.
Kämpfe für Freiheit und Demokratie.

Kämpfe für die Vernunft.
Für alles andere müsste ich zu den Demagogen.

Keine Eitelkeit
unkonform
und auf alle Fälle ohne Herrschsucht.
Alles andere als Drang.

Abwertungsmechanismus

Gleichheit ist ein Mythos.

In Besserer Gesellschaft?
Glaubst Du?
Zum Beispiel moralisch besser…

Abwertungen
Vergleiche
Zuschreibungen
Zum Beispiel Dirndl & Tracht - Stumpf, volkstümlich,
unreflektiert.

Dabei hatte ich doch einen wunderbaren Abend,
mit wunderbaren Menschen.

Geld machen

aus Nichts
DAS ist es
Aneignungsstruktur
Bereicherungsstruktur
Plünderungszirkel
Ohne Substanz

Bitcoin – Arien
Virtuelles Vermögen

Wir sind unsere Teufel

Getrennt,
geschieden,
werden zur Bestie, Furie.

Zermürben den anderen,
reizen bis zum Äußersten,
bis zum Geschwür und Tumor.

Unfassbare Leiden erduldend,
befreie ich mich immer wieder,
jeden Tag,
von der Dämonin,
die mein Leben zerfressen will.

Bestimmungslose Leidenschaft

ohne einen bestimmten Menschen,
ohne einen Menschen,
der bestimmt ist für mich...

wird diffus, beliebig,
verliert das Drängen,
verliert sich am Ende ganz,
sublimiert sich.

Phantasien ohne Gegenüber,
ohne Bestimmungsort,
Bestimmungsmensch,
ohne Gegenmittel.
Bin auf mich zurückgeworfen.

verwirrt

Künstler mit Autoaggression
Zerstören ihr Werk
und das ist Kunst

Wissenschaftler und Intellektuelle
können nicht mehr klar denken

Partner mit Kontrollwahn
und Smart-Home
checken vor dem Flug Wohnung, Partner,
Einfahrt und Garten.

Geistliche missbrauchen junge Menschen
Die anderen auch
und teilen das im Internet.
Geistliche werden unter sexuellen Generalverdacht gestellt

Waideviehhalter werden von der Presse als Umweltfeinde
bezeichnet
Das Hundefutter kostet mehr als ein Schnitzel.

Getrenntlebende Eltern zerlegen sich und ruinieren sich
gegenseitig,
und schicken ihre gemeinsamen Kinder zu allen Therapeuten
die sie finden können,
sollten aber selbst dort hingehen.

Entwurzelte Migranten erstechen ihre Gastgeber
oder vergewaltigen diese, wenn ihnen danach ist.
Polizisten haben keine Handhabe etwas dagegen zu
unternehmen.

Polizisten von Spezialeinheiten bescheinigen dem Staat
Handlungsunfähigkeit und greifen zu Selbstjustiz und
Verhetzung.

Faschistische christliche Veteranen vom Balkan verüben
Anschläge auf betende Muslime in Australien.
Muslimische IS Heimkehrer führen in der Zivilgesellschaft
weiter krieg.
Buddhistische Mönche und Militärs begehen ethnische
Säuberungen an den Rohinja
Im Gaza gibt eines das andere -

Kollegen der gleichen Firma verüben jeden Tag kleine
Mobbingattentate mit einem freundlichen Lächeln oder
marodieren mit Zahlen.

Manager hinterziehen und bereichern sich.
Ein amerikanischer Präsident will eine Mauer bauen und
ramponiert in unberechenbarer Weise die globalen
Vereinbarungen.

Eltern, Kinder, Freunde, Feinde, Bürger, Kollegen, Migranten,
Manager, Politiker
Menschen

getrennt, entwurzelt, zerrissen, schwerverletzt, hilflos, lieblos,
ohne Orientierung, hart,
verwirrt.

Ich zerberste

Blumenseele verwüstet
mein Herz in Stücken

Falschheit nicht in Worten,
nein im körperlichen Leiden.

Das Wegschweigen dreht mir die Eingeweide.

Es ist nicht, dass ich deine Freiheit Dir nicht lasse.

Es ist nur, der Umgang, das Nehmen ohne Rücksicht,
welches mein Inneres tötet.
Und ich bin gewiss nicht der Veranstalter.

Es geht nicht um Erwartungen, nicht um Drama,
es geht um hilflose Liebe,
die weggedrückt wird wie ein lästiger Anruf
oder eine lästige Fliege.